인물로 보는 세계 역사

LIVE 세계사

⑮ 미국 1

천재교육

글 **권용찬**

동화, 칼럼, 만화 시나리오 등 여러 분야에서 활동하며 환상적이면서도 감동이 있는 글을 쓰고 있습니다.
주요 작품으로는 장편 소설 《설이움》, 동화 《두두리의 모험》 등이 있으며, 《만화 통째로 한국사》, 《만화 인물 평전》,
《Why? People》, 《Who?》, 《드래곤 빌리지》 시리즈를 비롯, 여러 학습 만화의 집필에 참여했습니다.

만화 **윤현우**

1998년 소년 잡지 [찬스]의 신인 만화 공모전에 당선해 만화 작가로 데뷔했습니다. 대표작으로는 《브리스톨 탐험대》
《최고다! 호기심 딱지》, 《손흥민 꿈을 향해 달려라》, 《버섯도리 버섯벤저스》 등이 있고, 《Why? 세계사》,
《Why? 인문사회과학》, 《퀴즈! 과학상식》, 《안녕 자두야 심장이 벌렁벌렁 자두의 세계 여행》 시리즈 등이 있습니다.

학습·감수 **김현숙**

고려대학교 역사 교육과를 졸업하고 현재 덕수중학교에서 근무하고 있습니다.
현장에서 역사를 가르치는 선생님의 학습 모임인 「역사사랑」에서 활동하고 있습니다.
함께 지은 책으로 《생각하는 세계사》 서양 고대 편과 서양 중세 편이 있습니다.

LIVE 세계사 ⑮ 미국 1

발행 | 2023년 2월 28일 초판 **인쇄** | 2023년 2월 24일 1쇄
발행처 | (주)천재교육
글 | 권용찬 **만화** | 윤현우 **삽화** | 이연 **학습·감수** | 김현숙
편집 | 천재교육 만화사업팀 **북디자인** | Design Plus
사진 제공 | 셔터스톡, 위키피디아
신고번호 | 제2001-000018호(1980.5.28)
팩스 | 02-3282-1717
고객만족센터 | 1577-0902
주소 | 08513 서울특별시 금천구 가산로9길 54
홈페이지 | www.chunjae.co.kr

ISBN 979-11-259-7049-1 74900
ISBN 979-11-259-7034-7 74900 (세트)

인물로 보는 세계 역사
LIVE 세계사
⑮ 미국 1

경제 대국으로 성장한 미국의 시작을
함께 살펴보아요!

북아메리카 대륙에 있는 미국은 북쪽으로는 캐나다, 남쪽으로는 멕시코와 이웃하고 있어요. 또 북아메리카 대륙의 북서쪽에 있는 알래스카와 태평양에 있는 섬 하와이와 괌도 미국 땅이에요. 이렇듯 미국은 넓은 영토만큼이나 다양한 인종과 민족이 함께 모여 사는 곳이에요.

유럽 사람들이 아메리카 대륙에 발을 딛기 전에도 원주민이 살고 있었지만 그들의 역사는 자세히 알 수 없어요. 많은 미국 사람들은 필그림 파더스를 자신의 조상으로 여겨요. 필그림 파더스는 유럽에서 종교의 자유를 찾아 메이플라워호를 타고 아메리카 대륙에 온 사람들이에요. 그들이 매사추세츠의 플리머스에 도착한 이후 미국 동부 연안에는 영국 식민지가 세워졌어요.

미국인들은 1773년 보스턴 차 사건을 계기로 영국으로부터 독립하기 위한 혁명을 시작했어요. 그리고 마침내 동부 연안의 13개 주가 독립을 했고, 1789년 세계 최초 민주 공화 독립을 했어요. 미국은 서쪽으로 영토를 넓혀 태평양 연안 지역까지 이르렀어요. 영토와 인구가 늘어나 경제 발전의 발판을 마련한 미국에도 한 가지 걱정거리가 있었어요. 바로 노예제를 둘러싼 북부와 남부의 갈등이었죠. 두 지역의 갈등은 노예제에 반대한 링컨이 대통령에 당선되면서 전쟁으로 치닫게 되었어요. 남북 전쟁은 북부의 승리로 끝났어요. 그 후 대륙 횡단 철도가 완성되면서 미국을 하나로 묶을 수 있게 되었고, 경제는 점점 더 발전하게 되었어요.

식민지에서 독립해 남북 전쟁의 어려움 속에서도 경제 발전을 이룬 미국의 역사에 대해 살펴볼까요?

김현숙
서울 덕수중학교 교사

나비 효과! 연약한 나비의 날갯짓 하나가 지구 반대편에 있는 나라에 큰 태풍을 만들어 낼 수 있다는 뜻이에요. 지구촌에 사는 우리 모두가 밀접하게 서로 영향을 주고받는다는 것을 보여 주는 말이지요. 《LIVE 세계사》는 세계인과 친구가 되고 함께 살아갈 여러분에게, 흥미 있는 세계사를 보여 줄 것입니다.

김태규
서울 장충고등학교 교사

《LIVE 세계사》는 세계 여러 나라의 역사를 중요 인물과 사건을 통해 살펴보고, 이와 관련된 주변 나라의 역사와 나아가 세계 역사 흐름을 살펴보려는 책입니다. 인물과 사건, 그리고 유적과 유물을 통해 세계는 연결되어 있고, 과거와 현재가 연결되어 있음을 알 수 있습니다.

왕홍식
서울 보성중학교 교사

여러분이 친구들과 많은 것을 함께 나누는 것처럼 세계 여러 나라 사람들도 이웃 나라, 심지어 지구 반대편 먼 나라 사람들과 만나 많은 것을 주고받았어요. 그 결과물이 세계사이지요. 《LIVE 세계사》는 곳곳에 우리나라 이야기도 들어 있어 편하게 만날 수 있을 거예요.

이강무
서울 인창중학교 교사

《LIVE 세계사》는 어린이 혼자 읽으면서도 쏙쏙 이해되는 세계사 책이에요. 역사적 인물을 통해 각 나라의 역사를 살펴보며 '세계사 공부가 이렇게 쉽고 재미난 것이구나!' 할 거예요. 세계 시민으로 살아가는 어린이들에게 더 넓은 세상으로 나아가는 길을 열어 줄 것입니다.

황은희
서울 월천초등학교 교사

이 책의 특징

1

여행 지도

해당 나라의 지도와
함께 수도, 언어, 기후,
국기 등 기본 정보를
알아봅니다.

2

만화와 정보 박스

세계 역사 속 주요 인물을
재밌는 스토리와 함께
만화로 만나 봅니다.
정보 박스를 통해
놓치기 쉬운 학습 정보를
보충합니다.

3

세계사 들여다보기
세계사 넓게 보기
세계사 깊게 보기

해당 나라에 관련된
정보를 읽고,
그 시기에 주변 나라와
우리나라는 어떤 일이
있었는지 살펴봅니다.

조지 워싱턴 (1732년-1799년)

조지 워싱턴은 미국 최초의 대통령이에요. 1775년 미국은
영국에 맞서기 위해 대륙 회의를 개최하고 독립 전쟁을
하게 되었어요. 워싱턴은 독립 전쟁에서 미국 대륙군의
총사령관으로 임명되어 여러 전투에서 활약했지요.
전쟁에서 승리한 미국은 세계 최초 민주 공화제 정부를
세웠어요. 조지 워싱턴은 1789년 대통령에 당선되어
두 번의 *임기를 마쳤어요. 사람들은 그가 죽을 때까지
대통령직을 맡았으면 하고 바랐지만, 조지 워싱턴은
더는 미련을 가지지 않고 이를 거절했어요.

세계사 들여다보기·미국 1

북아메리카 원주민

유럽 사람들이 북아메리카 대륙에 오기 전에도 이곳엔 사람들이 살고 있었어요. 이들을
북아메리카 원주민이라고 해요. 북아메리카 원주민은 일반적으로 아주 오래전 빙하기에 베링
해협을 통해 아시아에서 북아메리카 대륙으로 왔다고 여겨지고 있어요. 그 후 그들은 대륙
곳곳에 흩어져 살면서 고유한 문화를 발전시키고 있었지요. 유럽인이 아메리카 대륙에 올 무렵
북아메리카에는 약 1억 명 정도의 원주민이 수백 개의 부족으로 나뉘어 살고 있었을 것으로
생각되고 있어요.

인류의 이동 경로와 북아메리카 원주민 민족

북극해

북아메리카

놀이 퀴즈

미로 찾기, 가로세로
낱말 퀴즈, 사다리 타기 등
재밌는 퍼즐을 이용해
학습한 내용을
확인해 봅니다.

문제 퀴즈

세계사와 관련된 다양한
유형의 문제를 풀면서
학습한 내용을 점검하고
교과를 비롯한 여러 가지
시험에 대비합니다.

연표

인물과 사건을 중심으로
역사의 흐름을 이해하고
같은 시기에 우리나라와
다른 나라에서 일어난
사건과 비교해 봅니다.

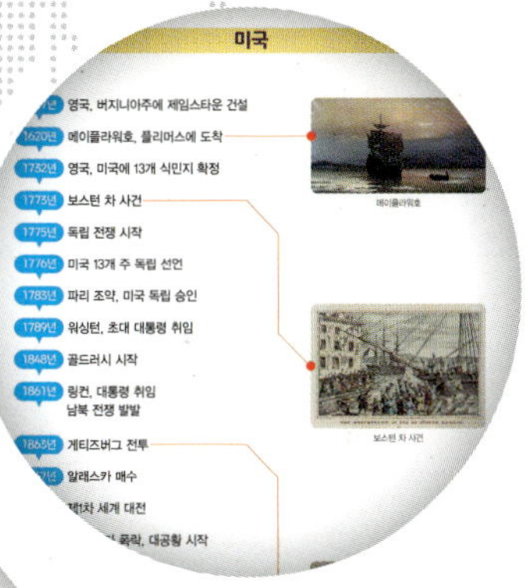

수도

미국의 공식 이름은 아메리카 합중국이에요.
수도인 워싱턴 D.C.는 미국 동부에 있는 도시예요.
여기에는 세계 주요 기관들이 모여 있어요.

언어

영어는 세계에서 가장 많이 사용하는 언어예요. 국제적인 의사소통
수단으로 사용하기 때문에 다른 언어를 모국어로 사용하는
나라에서도 제2 언어로 사용하고 있어요.

지리

북아메리카 대륙에 위치한 미국은 캐나다와 멕시코
사이에 있어요. 알래스카와 하와이 등을 포함해
50개 주로 행정 구역이 나뉘어 있어요.

기후

미국은 동쪽으로는 대서양, 서쪽으로는 태평양과 만나는
큰 나라예요. 그래서 내륙의 사막 기후부터 지중해성 기후,
온대 기후, 냉대 기후 등 다양한 기후를 볼 수 있어요.

화폐

미국은 US 달러($)를 사용해요.
국제 금융 거래의 기본이 되는 화폐예요. 이를 기축 통화라고 해요.

인종과 종교

미국에는 백인, 히스패닉, 흑인, 북아메리카/알래스카 원주민,
아시아인, 하와이 및 태평양 원주민 등 다양한 인종이 살고 있어요.
그만큼 기독교, 유대교, 이슬람교, 불교, 힌두교 등 종교도 다양해요.

세계 유산

미국 주거 양식인 프레리 양식을 이끈 건축가로 유명한
프랭크 로이드 라이트의 건축물을 포함한 11개의 문화유산과
12개의 자연 유산, 1개의 복합 유산이 있어요.

국기
붉은색과 흰색의 줄은
미국 독립 당시의 13개 주(州)를 의미하고,
50개의 별은 미국을 구성하는
주(州)를 의미해요.
ROUTE 66
뉴욕
워싱턴 D.C.
휴스턴
대 서 양
알래스카
하와이

등장인물

그루

이상한 나라의 요리사.
남을 잘 보살피지만
음식 앞에서는 약해져요.

솔이

이상한 나라의 음악가.
악기를 잘 다루고
감수성이 섬세해요.

토리

수줍음이 많지만,
친구들과 함께라면
무엇이든 할 수 있어요.

하트 공주

이상한 나라
하트 여왕의 외동딸.
자기만의 왕국을
세우려고 해요.

가로

하트 공주의 부하.
충성심으로 가득하지만
엉뚱한 행동으로 일을
그르치기도 해요.

세로

하트 공주의 부하.
공주의 말이라면 무조건
따르며, 눈치가 빨라
행동도 빨라요.

존 카버

종교의 자유를 찾아
메이플라워호를 타고
미국에 건너온
필그림 파더스를 이끌었어요.

조지 워싱턴

미국 독립 전쟁에서
활약했고, 세계 최초
민주 공화제 정부를 세운
미국의 첫 대통령이에요.

앤드루 잭슨

대서양 연안에 머물던
미국의 영토를
서부 진출을 통해
태평양까지 늘렸어요.

에이브러햄 링컨

미국인이 가장 존경하는
인물 중 한 명으로,
남북 전쟁 과정에서
노예 해방 선언을 했어요.

토머스 에디슨

산업이 크게 발달하던 시기,
사람들이 편리하게
생활할 수 있도록
많은 걸 발명한 사람이에요.

이상한 나라 안내서
여기는 이상한 나라.
세상의 지식과 상상이 모여 만들어진 마법의 나라예요.
하트성
레스토랑
도서관
정원
음악관
인간, 동물, 요정, 마법사, 책 속의 인물 등 다양한 이들이 살고 있지요.

이상한 나라에서 가장 중요한 곳은 도서관이에요. 인간 세계와의 균형을 보여 주는 절대시계가 있거든요. 인간 세계가 흔들리면 여기도 무사하지 못해요.
도서관에 인간 세계로 넘어가는 시간의 문이 있다는 건 안 비밀!
껄
껄
이상한 나라는 항상 평화로워요. 가끔 하트성에 사는 공주가 말썽을 일으킬 때 빼고는요.
엄마, 미워!
너 사춘기니?
오늘은 어떤 하루가 시작될까요?
덜
덜
덜

팍스 하트나

*이번 곧 돌아오거나 막 지나간 차례.

회중시계를
*수리하고
있어.
큭! 그걸
노렸구나!

공주의 흔적이
사라질 지도
몰라.
어느 나라로
갔는지 알 수만
있어도….

얘들아,
무슨 일 있어?
이런 쪽지를
책장 사이에서
찾았는데….

혹시
하트 공주
왔다 갔니?
킁킁
앗! 그
쪽지는!

투
빅 하트
팍스하트나
하트랜드
퉁

＊**본뜨다** 이미 있는 대상이나 무엇을 본보기로 삼아 그대로 좇아 함.
＊**이룩하다** 어떤 큰 현상이나 사업 따위를 이룸.

그거라면 여기 있어. 수리가 끝났다고 해서 도서관에 가져오던 길이었거든.
까야! 잘 됐다!
슥
난 재즈 음악 연구하려고 미국 역사도 공부했어.
미국은 다양한 인종이 살아서 요리도 다양할 것 같아.
척
척
그럼 솔이와 그루가 미국에 가서 공주를 막으면 되겠다.
나도 갈게. 이 향기는 내가 좋아하는 꽃향기와 비슷해서 쫓을 수 있을 것 같아.
부탁해!
우리만 믿어!
슈우웅
반드시 하트 공주를 막을게!

1 존 카버

*정착촌을 지켜라!

*정착촌 떠돌던 사람들이 일정하게 자리를 잡고 머물러 사는 마을.
*업데이트 기존 정보를 최신 정보로 바꿈.

***먼저** 시간적으로나 순서상으로 앞서서.
***원주민** 그 지역에 본디부터 살고 있는 사람들.

***대서양** 유럽, 아프리카 대륙과 아메리카 대륙 사이에 위치한 대양.
***착각** 어떤 사물이나 사실을 실제와 다르게 생각함.

저 사람들 마을에 가면 추위를 피할 수 있을 거야.
얼른 따뜻한 곳으로 가자!
안녕하세요!
숙
이 녀석들! 순순히 따라와!
엥?

*개척민 어떤 지역을 개척하기 위해 이주한 사람.
*모험하다 위험을 무릅쓰고 어떤 일을 함.

***연기** 무엇이 탈 때 생겨나는 흐릿한 기체나 기운.

***단속** 주의를 기울여 다잡거나 보살핌.
***소식** 멀리 떨어져 있는 사람의 사정을 알리는 말이나 글.

존 카버 (1576년~1621년)

영국에서 태어난 존 카버는 청교도인 필그림 파더스를 이끈 지도자예요. 필그림 파더스는 1620년, 종교의 자유를 찾아 북아메리카 대륙으로 건너온 사람들이지요. 그들은 영국의 종교 *탄압을 피해 네덜란드에서 살다가, 메이플라워호를 타고 미국 매사추세츠주 플리머스에 도착했어요. 미국 사람들은 이들을 자신들의 조상으로 여기고 있어요. 존 카버는 메이플라워호에서 필그림 파더스의 *서약을 이끌고 플리머스 최초의 총독이 되었어요. 그리고 이 지역 원주민과 평화 협정을 맺고 사이좋게 지냈다고 해요.

*__탄압__ 권력이나 무력으로 억지로 눌러 꼼짝 못 하게 함.
*__서약__ 맹세하고 약속함.

*항구 배가 안전하게 드나들도록 강가에 부두 따위의 설비를 한 곳.
*청교도 16세기 후반에 영국 국교회에 반항하여 생긴 개신교의 한 교파.

***식량** 생존을 위해 필요한 사람의 먹을거리.
***재배법** 식물이나 작물을 심고 가꾸는 방법.

나도 어디
한입!

읍!

맛…이
없네요.

내가 가진
양념으로 간을
좀 하면~!
톡
톡

자,
맛보시죠!
슥

맛있다!
이러면 옥수수도
겨울의 굶주림을
막는 기적의 곡물이
될 거야!
옥수

***솥** 밥을 짓거나 국을 끓이는 그릇.
***움큼** 손으로 한 줌 움켜쥘 만한 분량을 세는 단위.

***팝콘** 옥수수에 간을 하여 튀긴 음식.
***부족** 혈연관계가 없거나 분명하지 않지만 일가처럼 지내는 사람들.

*농법 농사짓는 방법.
*선교사 종교를 널리 전도하는 사람.

***마침** 어떤 경우나 기회에 알맞게. 또는 공교롭게.
***안식처** 편히 쉬는 곳.

***차림새** 차린 그 모양.
***역시** 생각했던 대로.

 ***몽타주** 여러 사람의 사진에서 얼굴의 각 부분을 따서 합쳐 만든 어떤 사람의 형상을 이루게 한 사진.
흔히 범죄 수사에서 용의자의 수배 전단을 만드는 데 이용함.

*발음 음성을 냄.
*착각하다 어떤 사물이나 사실을 실제와 다르게 알거나 생각함.

***어리석다** 슬기롭지 못하고 둔함.
***관련** 둘 이상의 사람, 사물, 현상 따위가 서로 관계를 맺어 매여 있음.

*공예품 실용적이면서 예술적 가치가 있게 만든 물품.
*문명 인류가 이룩한 물질적, 기술적, 사회 구조적인 발전.

그런데 하트 공주님이 왜 존 카버가 아니라 스콴토라는 사람을 데려갔지?
우리가 잘못 생각한 걸까?
모르겠어.

스콴토는 우리 개척민에게 중요한 사람이야. 구출하러 가야지.

우리도 같이 가요!
납치한 사람이 우리가 아는 사람들 같아요.
뭐? 정말이냐?

저희가 도움이 될 거예요!
음, 알았다. 대신 너무 무리하면 안 된다. 싸우는 것은 우리 어른들의 역할이니까.

존 카버. 얼마나 오래 걸릴지 모르니 비상식량으로 챙기게.
이게 뭐지?
숙

꼭 말린 육포 같이 생겼어.
비슷해. 페미컨이라는 거야.

말린 고기를 갈아서 가루로 만든 다음 곡물 가루와 동물 지방을 섞어 굳힌 음식이야.
잘 알고 있구나. 이건 우리 보존 식량이야.
아주 오랫동안 보관할 수 있어서 먼 여행을 갈 때 준비하지.
자, 가자!
와
와아
와아

42

***전문가** 어떤 분야에서 상당한 지식과 경험을 가진 사람.

*저자 '저 사람'을 낮잡아 이르는 말.
*농기구 농사를 짓는 데 쓰는 기구.

*사용하다 일정한 목적이나 기능에 맞게 씀.

***포기** 하려던 일을 도중에 그만두어 버림.
***총** 화약의 힘으로 그 속에 든 탄환을 나가게 하는 무기.

날 방해하다니!

처음부터
총을 꺼냈으면
공주님은 스칸토만
데리고 도망가셨을
거잖아요.

그래서
공주님이 존 카버에게
집중하도록 해서 모두를
구한 거지요.

큭!

공주님, 이제
포기하고 돌아가세요.
도서관에서 가져간
책도 돌려주시고요.

흥!

부웅

난 호락호락
당하지 않아!

앗!

시간의 문이 닫히기 전에 쫓아가자!
저게 뭐지?
모두 사라졌네?
우리에게 깨달음을 주기 위한 시련이었나 보군.
이번 일을 겪고 보니 깨달은 게 있네.
자네 부족과 우리 개척민이 힘을 합치면 어떤 난관도 이겨 낼 수 있다는 거야.

*이주하다 개인이나 민족 등의 집단이 본래 살던 지역을 떠나 다른 지역으로 이동하여 정착함.
*탐내다 가지거나 치지하고 싶어 함.

***쇠락** 쇠약해 말라서 떨어짐.
***비극** 인생의 슬프고 애달픈 일을 당하여 불행한 경우를 이르는 말.

북아메리카 원주민

유럽 사람들이 북아메리카 대륙에 오기 전에도 이곳엔 사람들이 살고 있었어요. 이들을 북아메리카 원주민이라고 해요. 북아메리카 원주민은 일반적으로 아주 오래전 빙하기에 베링 해협을 통해 아시아에서 북아메리카 대륙으로 왔다고 여겨지고 있어요. 그 후 그들은 대륙 곳곳에 흩어져 살면서 고유한 문화를 발전시키고 있었지요. 유럽인이 아메리카 대륙에 올 무렵 북아메리카에는 약 1억 명 정도의 원주민이 수백 개의 부족으로 나뉘어 살고 있었을 것으로 생각되고 있어요.

 빙하기 북아메리카 대륙에 온 사람들은 어디를 통해 왔을까?
① 베링 해협　② 남극

정답 ①

아메리카 대륙의 영국

아메리카 대륙에 발을 디딘 영국 사람들은 버지니아의 제임스타운에 모여 살았어요. 기후에 적응하고 식량을 구하는 것은 쉽지 않았지만, 원주민의 도움으로 안정을 찾았어요. 한편 1620년 종교의 자유를 찾아 메이플라워호를 타고 플리머스에 도착한 사람들도 있었어요. 미국 사람들은 이들을 자신의 조상으로 여깁니다. 그들은 원주민에게 옥수수 재배법 등을 배우고 이를 수확 후 감사하는 마음을 담아 잔치를 열었어요. 이것이 바로 오늘날 미국 추수 감사절의 시작이에요.

레베카가 된 포카혼타스

1995년 월트 디즈니에서 만든 '포카혼타스'는 17세기 북아메리카에 살던 한 여성의 이야기를 담은
만화 영화예요. 포카혼타스의 아버지는 제임스타운 주변에서 원주민을 이끌던 추장이었어요.
아메리카 대륙에 이주해 온 영국인과 원주민 사이에 싸움이 나고, 포카혼타스는 영국인들이 사는
제임스타운에 납치되었다고 해요. 포카혼타스는 이곳에서 1년 정도 지내며 영어를 배우고,
세례를 받았어요. 이름도 레베카로 바꾸고, 결혼도 했지요. 그녀는 1616년에 남편과 함께 영국을
방문하고 돌아왔지만 병에 걸려 죽음을 맞았다고 합니다.

하와이로 향한 사람들

우리나라에도 오래전 미국으로 이주한 이들이 있어요. 1903년 하와이 호놀룰루에 백여 명의 한국인이 도착한 이후 1905년까지 약 7천 명이 하와이로 향했어요. 하와이의 사탕수수 농장에 일하기 위해 갔던 사람들은 대부분 결혼하지 않은 남성이었어요. 이들은 사진을 찍어서 주고받으며 우리나라에서 신부를 구했다고 해요. 그렇게 1천여 명의 신부가 하와이로 결혼하러 갔지요. 당시에는 이렇게 결혼한 신부들을 '사진 신부'라고 불렀어요.

① 답정

사라진 독립 선언문

*부근 어떤 곳을 중심으로 하여 가까운 곳.
*공격 나아가 적을 침.

*너머 높이나 경계로 가로막은 저쪽 공간.

*7년 전쟁 1756~1763년, 슐레지엔 영유권을 놓고 유럽 여러 나라가 벌인 전쟁.
*티타임 차 마시는 시간.

여기 홍차 두 잔!
빠직

방금 뭐라고?
휙
홍차 두 잔… 달라고 했는데…?

홍차로 영국인들 배 불릴 일 있냐!
내 가게에선 홍차 따위 안 팔아!
으헥!
깜짝

우리도 한때 식사 후에 홍차를 마시는 게 큰 즐거움이었지.

각종 세금 때문에 화가 나는데 영국 동인도 회사가 가져오는 홍차만 사라고 간섭하더라고.

***자치** 식민지 국가가 제한적으로 독자적 행정 업무를 수행하는 일.
***항의** 못마땅한 생각이나 반대의 뜻을 주장함.

홍찻값 물어내!

우리도 안 참아!

결국 영국이 군대를 *파견했고, 언제 전쟁이 벌어져도 이상하지 않은 상황이 됐다고.

이후로 내 가게에선 홍차 대신 커피만 팔기로 했다!

으으, 커피는 써서 싫은데…

그런데 공주님은 언제 오시지?

필라델피아에 다녀오신댔으니, 곧 오시겠지.

***파견하다** 일정한 임무를 주어 사람을 보냄.

***수탈** 강제로 빼앗음.
***민병대** 민간인으로 구성한 부대.

*신문 사회에서 발생한 사건에 대한 사실이나 해설을 널리 신속하게 전달하기 위한 정기 간행물.

*점령하다 적국의 영토에 들어가 그 지역을 군사적 지배하에 둠.

*이동하다 움직여 옮기거나 자리를 바꿈.
*우연히 어떤 일이 뜻하지 않게 저절로 이루어져 공교롭게.

조지 워싱턴 (1732년-1799년)

조지 워싱턴은 미국 최초의 대통령이에요. 1775년 미국은 영국에 맞서기 위해 대륙 회의를 개최하고 독립 전쟁을 하게 되었어요. 워싱턴은 독립 전쟁에서 미국 대륙군의 총사령관으로 임명되어 여러 전투에서 활약했지요. 전쟁에서 승리한 미국은 세계 최초 민주 공화제 정부를 세웠어요. 조지 워싱턴은 1789년 대통령에 당선되어 두 번의 *임기를 마쳤어요. 사람들은 그가 죽을 때까지 대통령직을 맡았으면 하고 바랐지만, 조지 워싱턴은 권력에 욕심을 가지지 않고 이를 거절했어요.

*초대 차례로 이어 나가는 자리나 지위에서 첫 번째에 해당하는 차례나 사람.
*임기 임무를 맡아보는 일정한 기간.

조지 워싱턴은 대통령이 되기 전에는 독립 전쟁에서 군인으로도 *활약했어.

이번엔 조지 워싱턴을 노리는 게 분명해.
어서 하트 공주를 찾으러 가자!

그런데 하트 공주만 다른 곳에 있는 것 같았어.
하트 공주가 먼저 조지 워싱턴 근처에 가 있는 거겠지.
갸웃

서두르자!

가로, 세로는 벌써 갔나 봐.
어디….

우리가 너무 늦게 왔나?
하트 공주 발자국도 안 보이네.

*활약하다 활발히 활동함.

***주둔지** 군대가 임무 수행을 위해 일정한 곳에 얼마 동안 머무르는 장소.

***사기** 의욕이나 자신감 따위로 가득해 굽힐 줄 모르는 기세.
***시름** 마음에 걸려 풀리지 않고 항상 남아 있는 근심과 걱정.

*풍미 푸지고 좋은 맛.
*겨우 기껏해야 고작.

*무기고 무기를 넣어 두는 창고.

1775년 4월 19일, 보스턴 근처의 렉싱턴과 콩코드에서 영국군과 미국 민병대 사이에 무력 충돌이 일어났어.

렉싱턴·콩코드의 싸움은 미국 독립 전쟁의 시작을 알리는 첫 번째 전투였지.

히히힝

내가 직접 영국군의 *동태를 살펴야겠다. 정찰대는 나를 따르라!

*동태 움직이거나 변하는 모습.

두
두
두
두
렉싱턴
*방향으로 가자!
렉싱턴
워터타운
보스턴

두두
두 두
두 두 두
렉싱턴
워터타운
보스턴

흔들
두두두
렉싱턴
워터타운
보스턴

두
렉싱턴
워터타운
보스턴
콩코드
이프윅
코드

*방향 어떤 방위를 향한 쪽.

***지형** 땅의 생긴 모양이나 형세.
***대형** 여러 사람이 줄지어 정렬한 형태.

*함정 빠져나올 수 없는 상황이나 남을 해치기 위한 계략을 비유적으로 이르는 말.

쏴라!
탕
탕
탕
헉!
으악!

엥?
갑자기 사격이
멈췄어?

아하!
이 시대의 총은
한 번 쏘고 나서 다시
쏘려면 시간이 좀
걸리는구나!
딱

우하하!
그럼 이 틈에
*반격이다!
총을 못 쓰면
허수아비나
마찬가지네.

*반격 되받아 공격함.

*백병전 칼 같은 무기를 들고 적과 직접 몸으로 맞붙어 싸우는 전투.

***돌격** 공격 전투의 마지막 단계에 적진으로 돌진하여 공격하는 일.

***구덩이** 땅이 움푹하게 파인 곳.

*추적 도망하는 사람의 뒤를 밟아서 쫓음.
*치욕 수치와 욕됨.

파 앗
중요한 목적은 이미 이뤘어.

1776년 7월, 미국 필라델피아
작년에 벌어진 렉싱턴 전투 이후 영국에 대한 우리의 결의는 더욱 확고해졌습니다.
우리는 오늘 1776년 7월 4일에 미국이 영국으로부터 독립했음을 선언합니다.
토머스 제퍼슨
벤저민 프랭클린

그리고 우리의 독립이 정당함을 문서로 남깁니다!
독립 선언서는 미국이 세계 역사에 등장했다는 공식적인 증거. 일단 이곳에 보관하겠습니다.

이 독립 선언서에 담긴 자유와 민주주의의 보편적인 원칙들은 훗날 미국 역사에 매우 중요한 가치로 남을 것입니다.
짝
짝
짝
짝

우르르

잠시 후
후후. 나 혼자 다른 시간에 와 있을 줄은 꿈에도 모르겠지?
스스스

이게 바로 내가 노리던 미국의 독립 선언서!
딸깍
얍! 복사 마법!
파앗
가짜 독립 선언서와 바꿔치기!

*비결 세상에 알려져 있지 않은 자기만의 뛰어난 방법.

미국 독립 전쟁의 출발, 보스턴 차 사건

북아메리카에서 영국은 식민지를 조금이라도 더 차지하려고 프랑스와 전쟁을 했어요. 전쟁은 영국이 이겼지만 비용을 너무 많이 써서 국가 재정이 어려워졌지요. 이에 영국 정부는 식민지 주민들에게 여러 가지 세금을 걷기 시작했어요. 화가 난 식민지 주민들은 반발했어요. 1773년 원주민으로 위장한 식민지 사람들이 보스턴 항구에 있던 영국 동인도 회사 소유의 배에 올라가 차 상자를 바다에 던지며 항의를 했어요. 이 사건이 바로 미국 독립 전쟁의 출발점이 된 보스턴 차 사건이에요.

↑ 보스턴 차 사건

아메리카 합중국 탄생

1775년 렉싱턴에서 영국군과 식민지인 사이에 최초의 무력 충돌이 발생했어요. 보스턴 차
사건이 일어난 지 2년 만의 일이었어요. 식민지인은 필라델피아에 모여 1차 대륙 회의를
개최하고 영국에 대항해 독립 전쟁을 벌이기로 했어요. 조지 워싱턴이 총사령관이 되었지요.
1년 뒤 2차 대륙 회의를 개최하여 독립 선언서를 발표했고, 독립 전쟁은 7년간 계속되었어요.
마침내 식민지인은 전쟁에서 승리했지요. 북아메리카 대륙 대서양 연안의 13개 주는
영국으로부터 독립하여 세계 최초의 민주 공화국인 아메리카 합중국, 미국을 세웠어요.

2차 대륙 회의에서 독립 선언문을 제출하는
모습이에요. 현재 미국 화폐의 도안으로
사용되고 있어요.

 아메리카 식민지인들이 2차 대륙 회의에서 발표한 것은?
① 미국 독립 선언서　② 인간과 시민의 권리 선언

프랑스 혁명과 미국의 독립 선언서

미국 독립 전쟁이 끝난 지 얼마 되지 않아 프랑스 혁명이 일어났어요. 프랑스 혁명은 새롭게 성장한 시민 세력이 중심이 되어 절대 왕정을 무너뜨린 사건으로 미국 독립 전쟁과 더불어 대표적인 시민 혁명으로 손꼽히지요. 프랑스 혁명 과정에서 미국 독립 선언서의 영향을 받은 문서가 발표되는데, 바로 '인간과 시민의 권리 선언(인권 선언)'이에요. 인권 선언에는 '모든 인간은 태어날 때부터 자유롭고 평등한 권리를 가지고 있다'는 내용이 담겨 있어요. 이를 천부 인권이라 하는데, 오늘날 민주주의 국가의 기본 이념이 되고 있어요.

미국 독립 선언서의 주요 내용

모든 사람은 평등하게 태어났고, 신으로부터 몇 개의 양도할 수 없는 권리를 부여받았으며, 그 권리 중에는 생명, 자유 및 행복 추구권이 있다. 이 권리를 지키기 위해 국가가 만들어졌으며, 국가의 정당한 권력은 국민의 동의를 바탕으로 생겨난 것이다.

프랑스 인권 선언의 주요 내용

1조. 모든 인간은 태어날 때부터 자유롭고 평등한 권리를 가진다.
2조. 국가의 목적은 사람의 천부적 권리를 유지함에 있다.
3조. 모든 주권은 국민에게 있다.

퀴즈 미국 독립 선언과 더불어 대표적인 시민 혁명으로 손꼽히는 것은?
① 명예혁명 ② 프랑스 혁명

미국과 우리나라의 대통령제

미국은 세계 최초로 대통령제를 바탕으로 한 민주 공화국을 만든 나라예요. 우리나라도 대통령 중심의 정치 제도를 실시하고 있어요. 하지만 우리나라 대통령제는 미국과 몇 가지 다른 점이 있어요. 미국의 대통령은 임기가 4년이고, 선거에 뽑히면 한 번 더 할 수 있어요. 우리나라의 대통령은 5년 임기이고, 한 번만 할 수 있어요. 또 우리나라는 선거권을 가진 국민의 직접 투표로 대통령을 뽑는데, 미국은 선거인단에 의해 간접으로 대통령을 뽑아요. 두 나라의 대통령제는 조금 다르지만, 삼권 분립을 바탕으로 민주주의를 추구한다는 점은 같다고 볼 수 있어요.

퀴즈 세계 최초로 대통령제를 실시한 나라는?
① 미국 ② 대한민국

서부 개발과 원주민의 눈물

***고향** 자기가 태어나서 자란 곳.

*은퇴 일하던 자리에서 물러나 한가히 지냄.

 ***농장** 농토나 농작물을 관리하고 농사짓는 데 편리하려고 논밭 근처에 모든 시설을 갖추어 놓은 집.
***일자리** 생계를 꾸려 나갈 수 있는 수단으로서의 직업.

*현상 나타나 보이는 현재의 상태.
*절정기 사물의 진행이나 발전이 최고의 경지에 달한 시기.

***계기** 어떤 일이 일어나거나 변화하도록 만드는 결정적인 원인이나 기회.
***학살** 가혹하게 마구 죽임.

슥 슥

이 시대에
미국 화폐에 얼굴이
들어갈 정도의
인물이 있어.
공주님,
뭐 하세요?

화폐에
그려질 정도의
위인이라니!
공주님의
나라 만들기에
큰 도움이 될
거예요!

찾았다.
앤드루 잭슨
대통령!

거기 서라!
깜짝

시끄럽군.
무슨 일이지?
으하하하~!
어딜 도망가!
타 타 탁

대체 왜 이래?
몰라서 묻나?
너희가 왜 우리 땅에 있어?
이곳은 원래 우리 땅이었다!

그래서 어쩔 텐가? 이젠 우리 땅이야.
철컥
야, 이 무례한 것들아!
펑
펑
캑!
감히 우리 공주님을 방해해?
매운 맛을 보여 줄까?

*허세 실속이 없이 겉으로만 드러나 보이는 기세.
*덕목 충(忠), 효(孝), 인(仁), 의(義) 따위의 덕을 분류하는 명목.

저 사람들 때문에 저희는 살던 곳에서 강제로 쫓겨났습니다.

저희만 그런 게 아니에요.
동부에 살던 원주민들도 이민 온 사람들이 쫓아냈지요.

1830년에는 원주민을 강제로 이주시키는 법까지 만들었어요.

보호 구역으로 가는 도중 추위, 굶주림, 전염병 등으로 많은 사람들이 죽었다고요.
그래서 우리는 '눈물의 길'이라고 불러요.

***무지막지하다** 몹시 무지하고 상스러우며 포악함.
***모름지기** 사리를 따져 보건대 마땅히.

*확인하다 틀림없이 그런가 알아보거나 인정함.

***운영하다** 조직이나 기구, 사업체 등을 관리하고 운용함.

***인권** 인간으로서 당연히 가지는 기본적 권리.
***지탱하다** 오래 버티거나 배겨 냄.

***결투** 원한이나 모욕 따위를 풀기 위하여
일정한 조건과 형식 아래 벌이는 싸움.

앤드루 잭슨 (1767년~1845년)

잭슨의 부모는 그가 태어나기도 전에 아일랜드에서 미국으로 이민을 왔어요. 가정 *형편이 넉넉하지 않았고, 부모가 일찍 돌아가신 탓에 혼자 어렵게 공부했지요. 변호사가 된 잭슨은 영국과 전쟁이 일어나자 군인이 되어 전쟁에 나갔어요. 잭슨은 전쟁에서 공을 세우면서 유명해졌고, 1828년 대통령에 당선되었어요. 앤드루 잭슨은 미국인의 서부 진출을 위해 원래 그 지역에 살던 원주민을 먼 곳으로 보내는 법을 만들기도 했는데, 이는 오늘날까지도 *비판을 받는 부분이에요.

*형편 살림살이의 형세.
*비판 현상이나 사물의 옳고 그름을 판단하여 밝히거나 잘못된 점을 지적함.

*거절하다 상대편의 요구, 제안, 선물, 부탁 따위를 받아들이지 않고 물리침.
*입회인 뒷날 증인으로 삼기 위해 어떤 사실이 발생하거나 존재하는 자리에 참석해 지켜보는 사람.

***정중하다** 태도나 분위기가 점잖고 엄숙함.

*임기 임무를 맡아보는 일정한 기간.
*여지 어떤 일을 하거나 어떤 일이 일어날 가능성이나 희망.

***대우하다** 어떤 사회적 관계나 태도로 대함.
***비정하다** 정이나 인간미가 없음.

106 ***나서다** 어떤 일을 가로맡거나 간섭함.

*반칙 법칙이나 규정, 규칙 따위를 어김.

***차별** 둘 이상의 대상을 각각 등급이나 수준 차이를 두어서 구별함.
***써먹다** 어떤 목적에 이용함.

*백과사전 과학, 자연, 인간의 활동 등에 관련된 모든 지식을 풀이한 책.

찾았다!
띵

대통령 되기 전에
원주민에게 베푼
*선행이 있잖아요!

…설마
린코야 얘기니?
린코야?
맞아요!

내가 아주
젊었을 적
일이구나.
민병대를 이끌고
원주민인 크릭족과
전투를 벌였지.

전투 후
원주민 마을에서
부모를 잃은 사내 아이를
발견했단다.
그런데 아이를
거두어 줄 사람이
아무도 없었어.

***선행** 착하고 어진 행실.

***전쟁고아** 전쟁으로 부모를 잃은 아이.
***설움** 서럽게 느껴지는 마음.

*무효 효과가 없음.
*파기되다 계약, 조약, 약속 따위가 깨져 버림.

으악!
화륵

화
르
륵

쳇!
가자!
가로, 세로!
네!

이제
걱정 없어요!
저희도 이만
갈게요.

내가 꿈을
꾸는 건가?

***단서** 어떤 문제를 해결하는 방향으로 이끌어 가는 일의 첫 부분.

하트 공주가 어디로 갔는지 정확히 알 것 같다.

열차 시간표
○○○ ○○○○ ○○○○○-○○○
1863년 11월 19일 00시 00분 도착 펜실베이니아 - 게티즈버그行
○○○ ○○○○ ○○○○○ ○○○
앞으로 약 20년 뒤의 어느 열차 시간표야.
친절하게도 시간표에 목적지와 도착 시간까지 표시해 뒀어.

설마 가짜 단서는 아니겠지?
가 보면 알겠지!

미국의 영토 확장

독립 전쟁에서 승리한 미국의 영토는 대서양 연안의 13개 주를 합친 것보다 더 늘어났어요. 영국한테 애팔래치아산맥의 서부와 미시시피강 하구의 땅을 받았거든요. 1803년에는 프랑스에 돈을 주고 루이지애나를 사들였지요. 미국이 루이지애나를 차지하면서 영토는 두 배로 늘어났고, 미시시피강 건너 서부를 개척할 수 있었어요. 텍사스와 캘리포니아 지역은 멕시코와의 전쟁에서 이겨 받아 냈고, 오리건은 영국에게 넘겨받았어요. 그 결과 19세기 중엽에는 태평양 연안까지 영토를 늘렸어요.

미국의 영토 확장 과정

금을 찾아 서부로!

1848년 캘리포니아에서 금이 발견된 이후 많은 사람이 너도나도 할 것 없이 금을 찾아 이곳으로 모여들었어요. 이를 골드러시라고 해요. 금을 찾으러 온 사람들은 세숫대야같이 생긴 그릇을 필수품으로 가져왔어요. 그 이유는 금이 모래나 자갈에 섞여 있어서 물에 깨끗이 씻어야 했기 때문이에요. 금을 찾으러 오는 사람들은 점점 늘어나 캘리포니아 인구는 골드러시 이전 1만 5천 명 정도에서 1852년 무렵에는 25만 명이나 되었어요. 금을 찾아온 사람들 때문에 서부 개척이 이루어진 거예요.

세계인이 즐겨 입는 청바지

사람들이 즐겨 입는 옷 중 하나인 청바지는 미국에서 처음 만들어졌어요. 사람들은 골드러시 때 금을 찾아 서부로 왔고, 천막을 치고 생활하며 금을 캤어요. 그래서 천막용 천이 불티나게 팔렸지요. 청바지를 처음 제작한 리바이 스트라우스도 천막 천을 제작해서 팔던 사람이에요. 그런데 어느 날 주문 받아 만든 천막 천의 납품이 취소되었고, 이미 만들어 둔 걸 팔 수 없게 되었어요. 리바이 스트라우스는 질긴 천막 천으로 바지를 만들었고, 이 바지는 광부나 농부들이 작업용으로 즐겨 입게 되었지요.

퀴즈 골드러시 때 리바이 스트라우스가 천막용 천으로 만든 바지는?
① 반바지 ② 청바지

우리나라에서 금광을 개발한 미국

미국은 우리나라에서 금광을 개발해 큰 이익을 얻었어요. 그중 대표적인 곳이 평안북도에 있는
운산 금광이에요. 미국은 1895년에 운산 금광 채굴권을 얻어 일제 강점기인 1938년까지
약 40년 동안 금광을 개발했어요. 이를 통해 약 5,600만 달러 가치의 금을 생산했다고 해요.
미국이 금광 채굴권을 얻었다는 소식을 들은 러시아, 영국, 프랑스, 이탈리아, 일본 등도
미국처럼 금광과 은광, 석탄 채굴권을 달라고 했어요. 고종은 이 요구를 받아들였고,
우리나라의 여러 경제적 이권이 이들 나라에 넘어가게 되었어요.

격투기 챔피언 대통령

***발발하다** 전쟁이나 큰 사건 따위가 갑자기 일어남.
***한창** 어떤 일이 가장 활기 있고 왕성하게 일어나는 때.

*수입 다른 나라로부터 상품이나 기술 따위를 국내로 사들임.
*규제하다 규칙이나 규정에 의해 일정한 한도를 정하거나 한도를 넘지 못하게 막음.

*지지하다 어떤 사람이나 단체의 정책이나 의견 등에 찬동하여 이를 위해 힘씀.
*탈퇴 관계하고 있던 조직이나 단체 따위에서 관계를 끊고 물러남.

*레모네이드 레몬즙에 물, 설탕, 탄산을 넣어 만든 음료.

*존경하다 남의 인격, 사상, 행위를 받들어 공경함.

*객실 열차, 배, 여관 따위에서 손님이 드는 칸이나 방.

너희,
남부 연합의
스파이지?
으헉!

왜
이러세요?
훗!

나는 케이트 원!
미국 최초의
여성 탐정이다!
두
둥

쿠
구
구
구
자, 다 불어!
너희, 링컨을
어떡하려는 거지?
설마
암살이냐?
네?
절대
아녜요!

*음모 나쁜 목적으로 몰래 흉악한 일을 꾸밈.
*해결하다 제기된 문제를 해명하거나 얽힌 일을 잘 처리함.

에이브러햄 링컨 (1809년~1865년)

제16대 미국 대통령으로 미국인들이 가장 존경하는 인물 중 한 명이에요. 링컨은 어릴 적에는 가정 형편이 좋지 않아 제대로 학교에 다니지 못했어요. 하지만 혼자 공부해서 변호사가 되었지요. 링컨이 대통령 선거에서 승리하자 남부의 몇 개 주가 미국 *연방에서 탈퇴하고 전쟁을 일으켰어요. 1861년 남북 전쟁이 일어난 거예요. 링컨은 남북 전쟁 과정에서 노예 해방 *선언을 했고, 전쟁은 링컨이 이끈 북부의 승리로 끝났어요.

***연방** 자치권을 가진 여러 나라가 공통의 정치 이념 아래에서 연합해 구성하는 국가.
***선언** 국가나 집단이 자기의 방침, 의견, 주장 따위를 외부에 정식으로 분명하게 드러냄.

***첩보** 상대편의 정보나 형편을 몰래 알아내어 보고함.
***확률** 일정한 조건에서 어떤 사건이 일어날 가능성의 정도.

***구부정하다** 조금 구부러져 있음.

***신경** 어떤 일에 대한 느낌이나 생각.
***작전** 어떤 일을 이루기 위해 필요한 조치나 방법.

*지선 철도나 수로, 통신 선로 등의 본선에서
곁가지로 갈려 나간 선.

*연안 강이나 호수, 바다를 따라 잇당아 있는 육지.
*경호하다 위험한 일이 일어나지 않도록 미리 조심하고 보호함.

***함락되다** 적의 성, 요새, 진지 따위가 공격을 받아 무너짐.

***단상** 교단이나 강단 따위의 위.

***모여들다** 여럿이 어떤 범위 안을 향하여 옴.

*데이터 관찰이나 실험, 조사로 얻은
사실이나 정보.

인물 확대!
파앗

공주님, 다른 사람인데요?
마법봉이 고장난 거 아니에요?
후후. 그럴 리 없어.

구부정하게 섰을 뿐이야.

난 이런 거 안 속아.
공주님, 대단하세요!

당장 데려와!
예, 공주님!
후다닥

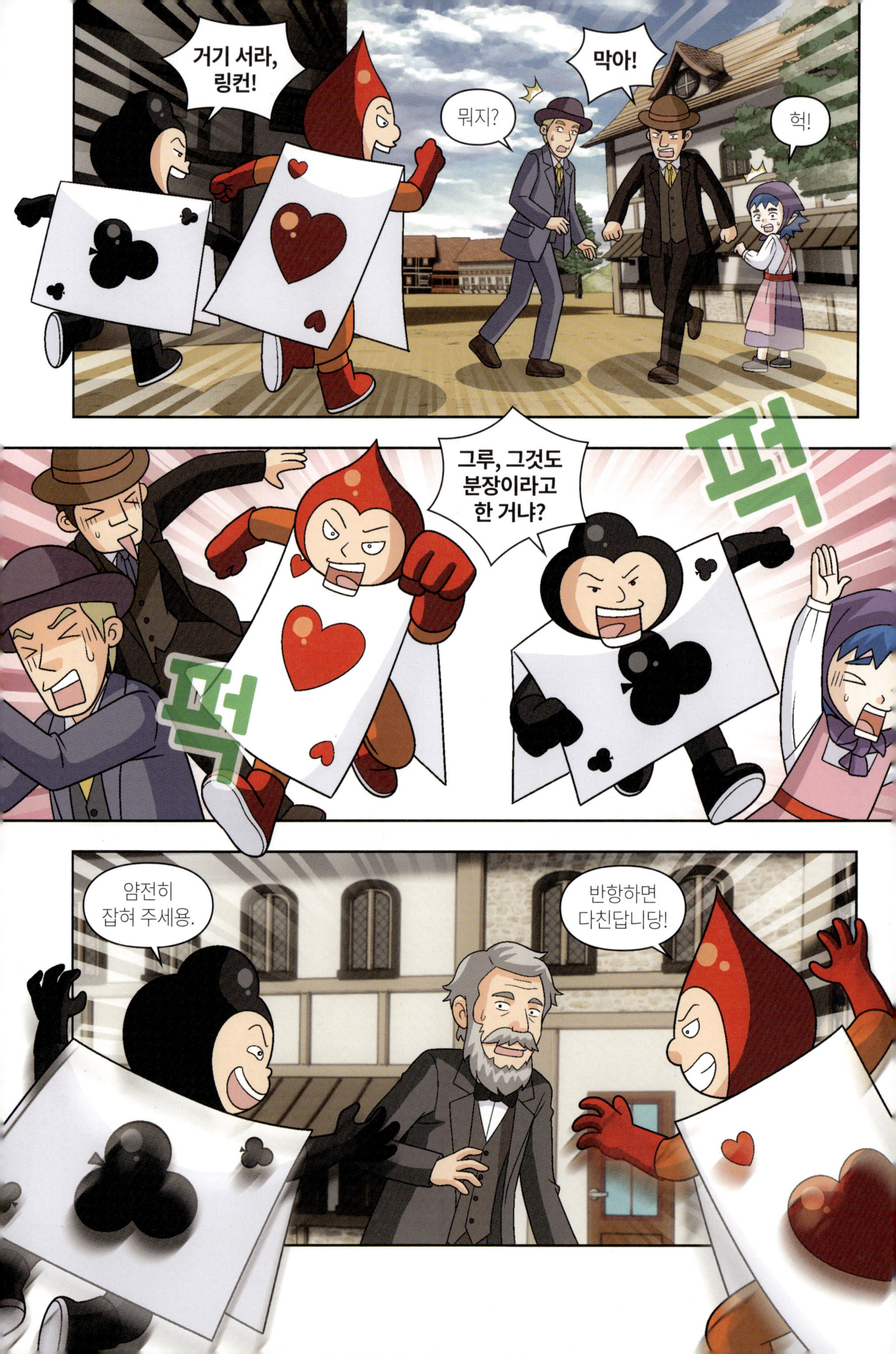

거기 서라, 링컨!
뭐지?
막아!
헉!
그루, 그것도 분장이라고 한 거냐?
퍽
퍽
얌전히 잡혀 주세용.
반항하면 다친답니당!

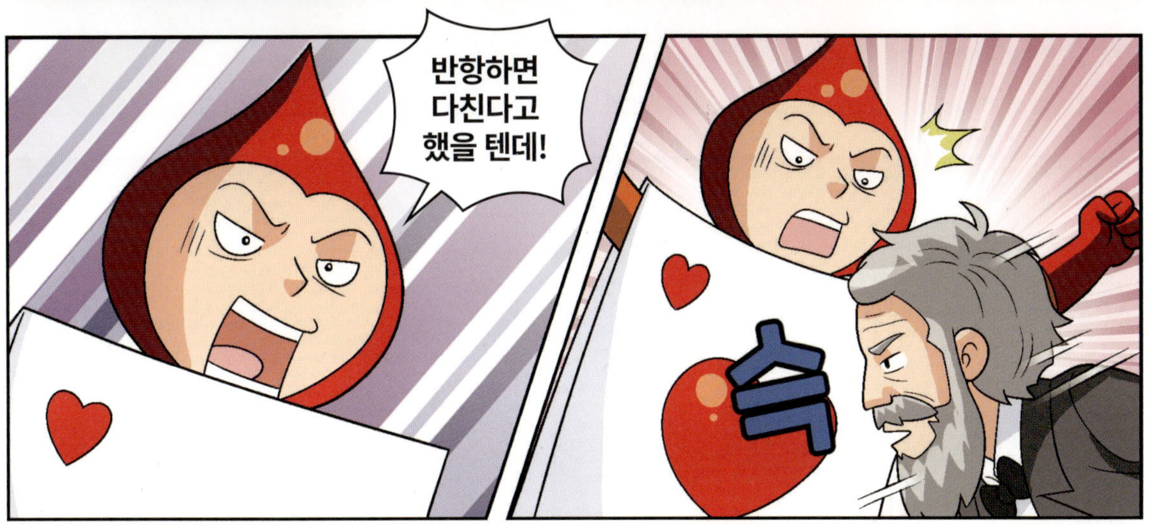

쿠
당

***예상** 어떤 일을 당하기 전 미리 생각해 둠.

*보스 실권을 쥐고 있는 최고 책임자.

***분량** 수효, 무게 따위의 많고 적음이나 부피의 크고 작은 정도.

*선조 먼 윗대의 조상.
*헛되다 아무 보람이나 실속이 없음.

145

우웅
으악! 이게 뭐야~!
으아악!
공주니이임!
파 앗

앗! 하트 공주가 방금 시간 이동했어!
다 다 다 다

저기다!
시간의 문이 왜 저기에 생겼지?

＊**사본** 원본을 사진 으로 찍거나 복사하여 만든 책이나 서류.
＊**초안** 맨 처음 대강 하여 낸 안.

남북 전쟁과 노예 해방 선언

1861년 노예 제도 폐지 등 다양한 문제가 얽혀 있던 미국의 남부와 북부는 남부 연합의 공격으로 전쟁이 시작되었어요. 북부는 남부에 비해 인구가 많고 전쟁 물자도 풍부해서 쉽게 이길 거라 생각했어요. 그런데 막상 전쟁을 시작하고 남부군의 리 장군이 활약하며 예상과 다르게 전개되었어요. 그러자 링컨은 노예 해방 선언을 했고, 이 일로 전쟁의 모습은 크게 바뀌었어요. 남부에 살던 흑인 노예들이 살고 있던 곳에서 도망쳐 북부로 가 의용군으로 전쟁에 참여했거든요. 그 후 게티즈버그 전투에서 북부군이 크게 승리했고, 결국 전쟁은 북부의 승리로 끝이 났어요.

⬆ 게티즈버그 전투

대륙 횡단 철도 건설

1865년 미국에서는 대륙 횡단 철도를 건설하기 시작했어요. 대서양 연안에서 태평양 연안에 이르는 넓은 땅에 사람과 물자를 실어 나르기 위해서는 무엇보다 철도가 필요했어요. 대륙 횡단 철도는 유니언 퍼시픽과 센트럴 퍼시픽이라는 두 회사가 건설했는데, 미국으로 건너온 많은 중국인과 아일랜드인이 일을 맡아 했어요. 1869년 동쪽의 아이오와와 서쪽의 캘리포니아에서 건설하기 시작한 철도는 유타주에서 만나 하나로 연결되었어요. 대륙 횡단 철도 건설로 물자의 교류가 더욱 활발해져 미국은 크게 발전할 수 있었어요.

미국 땅이 된 알래스카

알래스카는 원래 러시아 땅이었어요. 러시아는 오스만 제국과 크림 전쟁을 하느라 돈이 부족했고, 영국이 이 땅을 차지하려 하자 차라리 미국에 팔아야겠다고 생각했어요. 그래서 당시 720만 달러의 돈을 받고 미국에 넘겼지요. 정부가 알래스카를 산 것을 알게 된 미국인들은 쓸모없는 땅을 샀다고 비난했어요. 그러나 얼마 후 상황은 바뀌었지요. 1899년 알래스카에서 금광이 발견되고, 석유와 석탄, 철 등 여러 자원이 나오면서 미국 경제에 큰 도움이 되었거든요. 알래스카는 1959년 미국의 49번째 주가 되었어요.

우리나라의 철도

우리나라 최초의 철도는 1899년에 만든 경인선이에요. 서울 노량진에서 인천 제물포까지 개통되었지요. 그런데 이 철도는 우리가 스스로 만든 게 아니에요. 우리를 식민지로 지배한 일본이 공사를 진행했어요. 대한 제국 시기 일본은 철도를 건설하는 데 필요한 땅은 집터나 묘지를 가리지 않고 빼앗았어요. 또 사람들을 마음대로 데려다가 일을 시켰지요. 그러니 사람들은 일본이 건설하는 철도를 별로 좋아하지 않았지요. 달리는 기차에 돌을 던지거나 기차역에 불을 지르기도 했대요.

퀴즈 우리나라 최초의 철도는?
① 경인선 ② 대륙 횡단 철도

위대한 *발명가

***발명가** 아직까지 없던 기술이나 물건을 새로 생각하여 만들어 내는 일을 전문적으로 하는 사람.

***나사** 몸에는 소라 껍데기처럼 빙빙 비틀리어 홈이 나 있고, 머리에는 드라이버로 돌릴 수 있는 홈이 있는 못.

*문제 해결하기 어렵거나 난처한 대상이나 일.
*연구소 연구를 전문으로 하는 기관.

***마차** 말이 끄는 수레.
***대령하다** 미리 준비하고 기다림.

***가스등** 가스를 도관에 흐르게 해 불을 켜는 등.
***트램** 길거리를 달리는 전차.

*증기 자동차 증기 기관의 힘으로 달리는 자동차.

*컨베이어 시스템 물건을 연속으로 이동, 운반하는 띠 모양의 운반 장치를 사용하는 작업 방식.
*교대 어떤 일을 여럿이 나누어서 차례를 맡아 함.

*품질 물건의 성질과 바탕.
*무쇠 철의 합금으로 단단하지만 부러지기 쉽고 강철에 비해 쉽게 녹이 슮.

***별명** 사람의 외모나 성격 따위의 특징을 바탕으로 남들이 지어 부르는 이름.
***투자하다** 이익을 얻기 위해 어떤 주권, 채권 따위를 구입하는 데 자금을 돌림.

***기부하다** 자선 사업이나 공공사업을 돕기 위해 돈이나 물건을 대가 없이 내놓음.

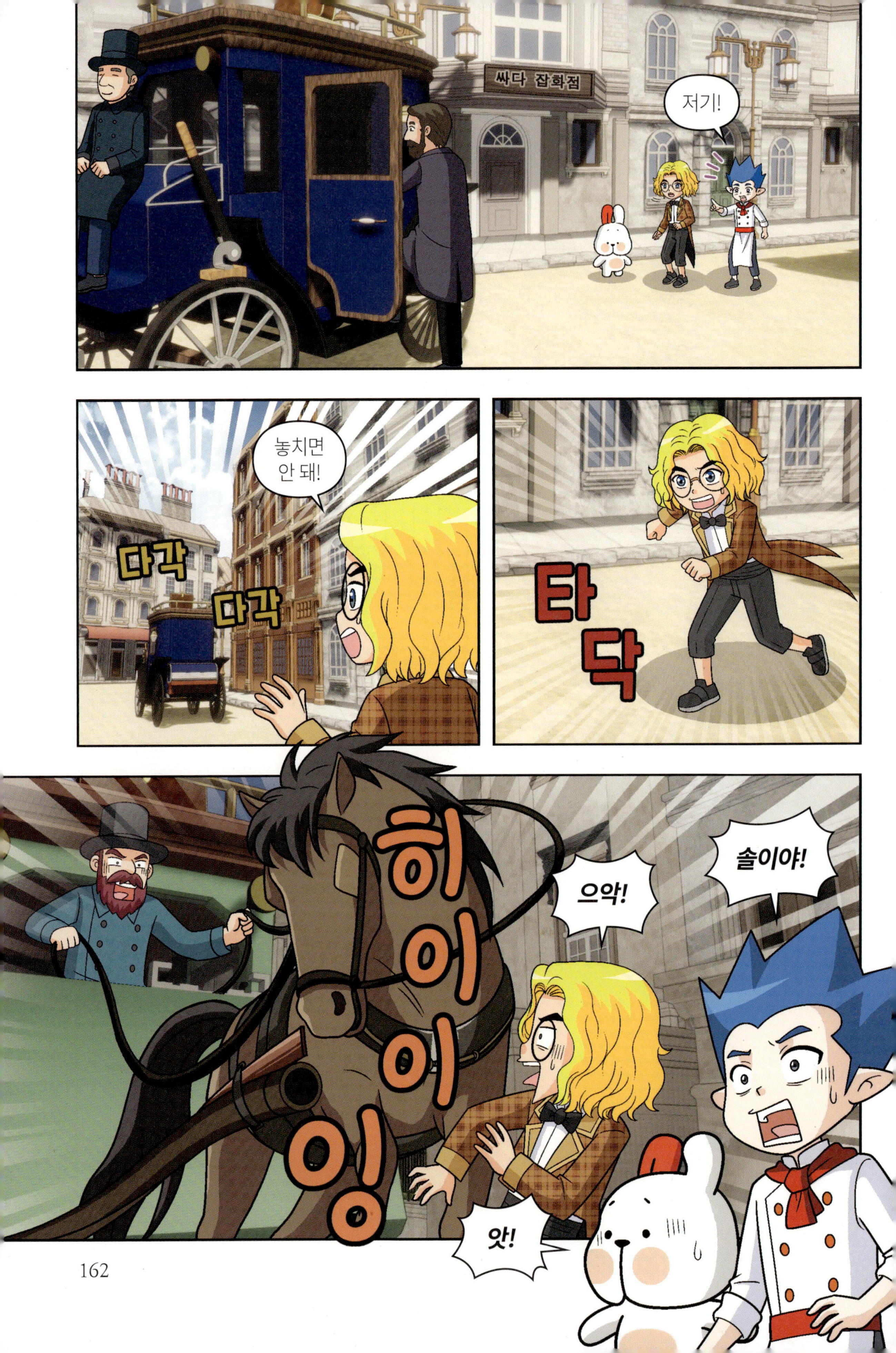

싸다 잡화점
저기!

놓치면
안 돼!
다각
다각

타
닥

히이이잉
으악!
솔이야!
앗!

***시계** 시간을 재거나 시각을 나타내는 기계나 장치.

*낯설다 전에 본 기억이 없어 익숙하지 않음.
*태엽 얇고 긴 강철 띠를 돌돌 말아 그 풀리는 힘으로 시계 따위를 움직이게 하는 장치.

***사과** 자기의 잘못을 인정하고 용서를 빎.

***교환원** 전화 교환의 일을 맡아보는 사람.
***전신기** 전류나 전파를 이용하여 통신하는 기계.

토머스 에디슨 (1847년~1931년)

에디슨은 백열전구와 축음기 등을 만든 미국의 발명가예요. 에디슨이 태어나 살던 시기 미국은 산업이 크게 발달했지요. 에디슨은 여러 전기 제품을 만든 '에디슨 제너럴 일렉트릭스'라는 회사를 세웠어요. 이 회사는 지금은 '제너럴 일렉트릭스'로 이름을 바꿨는데, 여전히 냉장고, 세탁기 등의 가전제품을 만들고 있어요. 에디슨은 어린 시절 달걀을 품어서 닭을 *부화시키려고 할 정도로 호기심이 아주 많았다고 해요. 이런 호기심이 그를 위대한 발명가로 만들 수 있었지요.

***제법** 수준이나 솜씨가 어느 정도에 이르렀음을 나타내는 말.
***부화** 동물의 알 속에서 새끼가 껍데기를 깨고 밖으로 나옴.

축음기 (1877년)
세계 최초로 소리를 녹음했다가 재생하는 장치로, 오디오 시대를 열었다.

에디슨식 영사기 (1889년)
구부러지는 필름을 사용한 영사기를 만들어 빳빳한 사진을 이용한 기존의 영사기보다 크기는 줄이면서 상영 시간을 늘렸다.

에디슨식 백열전구 (1879년)
기존의 전구보다 획기적으로 *수명이 늘어난 탄소 필라멘트 전구를 발명했다. 필라멘트 전구는 오늘날에도 사용하고 있다.

***영사기** 필름에 촬영된 상을 영사막에 확대하여 비추는 기계.
***수명** 사물이 사용에 견디는 기간.

다 고쳤다. 이제 문제없을 거야.
고맙습니다!

여기서 혼자 일하세요?
그럴 리가. 열 명이 넘는 기술자가 있어.

가만. 그런데 왜 이리 조용하지?
철컥

아니!

두
둥
모두 잠들었잖아!

***공구** 물건을 만들거나 고치는 데에 쓰이는 기구나 도구를 통틀어 이르는 말.
***소란** 시끄럽고 어수선함.

***목표** 어떤 목적을 이루려고 지향하는 실제적인 대상.

멘로파크
연구소라는 이름이
귀에 익다
했더니만!
쿠
쿵

이제라도
알면 됐지!
몰랐어요?
흥

이번에는
헛수고인 줄
알았는데 난
정말 운이 좋아.
가로, 세로!
에디슨을
데려간다!

따딱

흐흐!
복수의 시간이
이렇게 빨리
올 줄이야!
링컨 때는
꽤 고생했다고!
두
척
척
퉁

*짓 몸을 놀려 움직이는 동작.

어딜!
삭
팍

파지직
으버버버
지지직

주춤
툭
water

water
콸
콸

파
지
지
직
후다닥

털썩
툭

파지직

팍

모두
괜찮···.

***두고 보다** 어떤 결과가 될지를 일정 기간 동안 살펴봄.

***피곤하다** 몸이나 마음이 지쳐 고달픔.
***채** 이미 있는 상태 그대로 있음.

*상권 두 권이나 세 권으로 된 책의 첫째 권.
*하권 두 권이나 세 권으로 된 책의 맨 끝 권.

공주님, 좀 전에 감전돼서 또 고장난 거 아닐까요?
마법봉이 고장이면 사람들을 데려올 수가 없잖아요.

나도 알아.
지 직

'팍스 하트나' 작전은 중지다!
하트성으로 돌아가서 이걸 고치는 게 우선이야!
네!

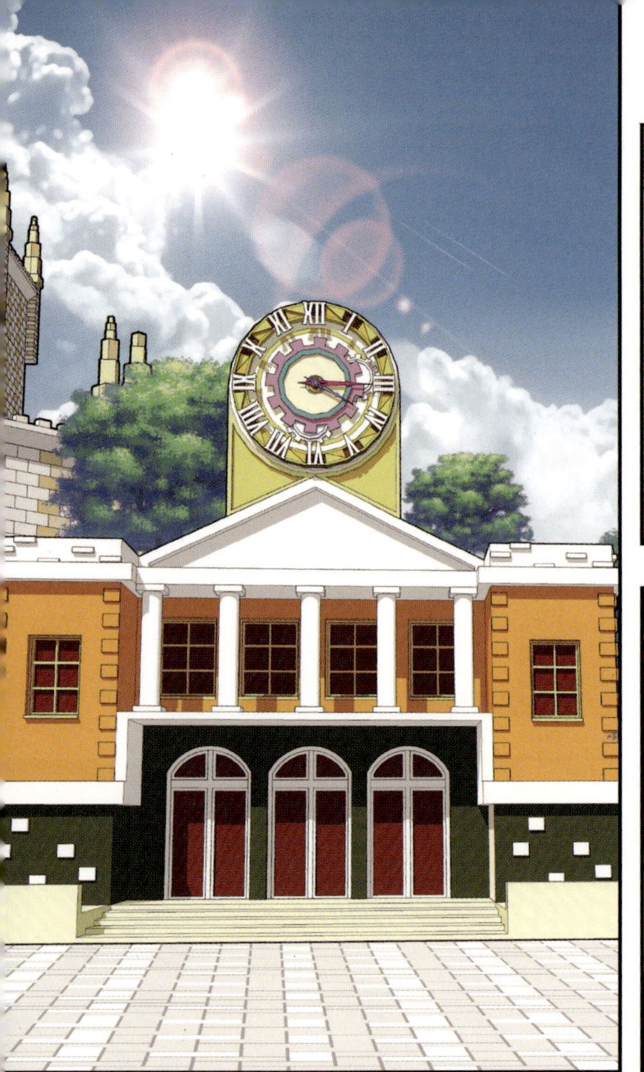

***벌이다** 일을 계획하여 시작하거나 펼쳐 놓음.

빙글
빙글
우우웅
!

그루, 솔이, 토리!
하트 공주를 막고
책을 되찾아 줘!
걱정 마!
우리한테
맡겨!

헨리 포드의 자동차 왕국

남북 전쟁이 끝난 후 미국의 산업은 눈부시게 발전했어요. 자원이 풍부하고, 이민을 온 사람이 많아져 인구가 늘어났기 때문에 가능한 일이었죠. 특히 자동차 산업이 크게 발전했어요. 19세기 말까지도 자동차는 돈이 아주 많은 사람이나 탈 수 있었어요. 그런데 헨리 포드가 자동차 생산 과정을 표준화하고 분업화하여 짧은 시간에 많은 자동차를 생산해 낼 수 있도록 만들면서 자동차의 가격이 싸졌어요. 그러다 보니 자동차를 원하는 사람은 누구나 돈을 조금만 모으면 쉽게 살 수 있게 되었고, 마이카 시대가 열렸어요.

퀴즈 헨리 포드가 만든 것은?
① 컨베이어 벨트   ② 자동차

강철왕 카네기

남북 전쟁이 끝난 후 미국의 산업이 발달하면서 필요한 것이 하나 있었어요. 바로 '철'이에요.
철도와 기차, 자동차를 만드는 데 빠질 수 없는 것이 철이거든요. 앤드루 카네기는 이런 철을
만드는 회사를 세워 부자가 되었어요. 그는 자선 사업으로 약 2,500개의 도서관을 지었고,
대학을 세웠어요. 또 뉴욕에는 음악 전용 극장인 카네기 홀을 지었어요. 카네기는 부자로 죽는
것은 부끄러운 일이라며 1901년 자신이 만든 철강 회사를 팔아 재단을 세우고 사회사업을
시작했어요.

퀴즈 카네기 홀을 세우고, 강철왕으로 불린 사람은?
① 카네기 ② 에디슨

제1차 세계 대전과 미국

1914년에는 유럽을 중심으로 제1차 세계 대전이 일어났어요. 영국, 프랑스, 러시아 등 연합국과 독일, 오스트리아-헝가리 제국이 중심이 된 동맹국 사이에 일어난 전쟁이었지요. 미국은 중립을 선언하고, 연합국에 전쟁 물자를 팔면서 경제적 이익을 얻었어요. 하지만 독일이 영국 해안을 봉쇄하고 영국 여객선을 공격했는데, 목숨을 잃은 1,198명의 승객 중에 약 100여 명의 미국인이 있던 거예요. 독일은 여기서 멈추지 않고 무제한 잠수함 작전을 선언했어요. 화가 난 미국은 연합국으로 전쟁에 참여하게 되었고, 미국의 참전에 힘입어 전쟁은 독일의 패배로 끝이 났어요.

경복궁에 반짝이는 도깨비불

1887년 3월 어느 날 저녁 경복궁 건청궁에 반짝이는 불빛이 생겼어요. 고종의 명령으로
조선 최초의 백열전등을 달았던 거예요. 에디슨이 백열전구를 발명한 지 8년 만의 일이었어요.
조선 정부는 건청궁의 백열전등을 켜기 위해 향원정이 있는 연못의 물을 이용해 전기를
만들었어요. 하지만 이렇게 만드는 전기의 양이 부족해서 전등은 자주 꺼졌다고 해요.
그래서 사람들은 이 전등을 도깨비불이라 불렀어요. 이후 고종은 전기를 안정적으로 생산하기
위해 한성 전기 회사를 설립했어요.

토리가 자유상 관광을 마치고 돌아가려고 해요.
안전하게 건너갈 수 있도록 퀴즈를 풀어 보세요.
Q3.
미국 독립 전쟁을 이끈 후 초대 대통령이 된 인물은?
앤드루 잭슨
조지 워싱턴
제임스타운
1620
플리머스
Q2.
영국 사람들이 아메리카 대륙에 처음 개척한 식민지는?
메이플라워호
빅토리아호
Q1.
필그림 파더스가 북아메리카에 타고 온 배는?
출발!

도착!
Q4.
링컨이 남북 전쟁 과정에서 발표한 것은?
인권 선언
노예 해방 선언
체리 파머
토머스 에디슨
하와이
Q6.
백열등과 축음기를 만든 미국의 발명가는?
Q5.
미국이 러시아로부터 사들인 땅은?
알래스카

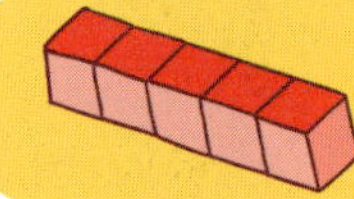

① 아메리카 원주민으로 영국인과 결혼한 후 1616년 영국을 방문했어요. 개명한 이름은 레베카예요.

② 미국이 러시아로부터 720만 달러를 주고 사들인 땅이에요.

③ 영국에 항의하는 식민지 주민들이 보스턴 항구에 있던 동인도 회사의 배에 올라가 차 상자를 바다에 버린 사건이에요.

④ 서부 개척 시기 미국에서 만들어 입은 옷으로 현재는 전 세계인이 즐겨 입는 옷이 되었어요.

미국 지폐에 그려진 인물에 대한 설명 중
바른 것을 골라 선으로 연결해 보세요.

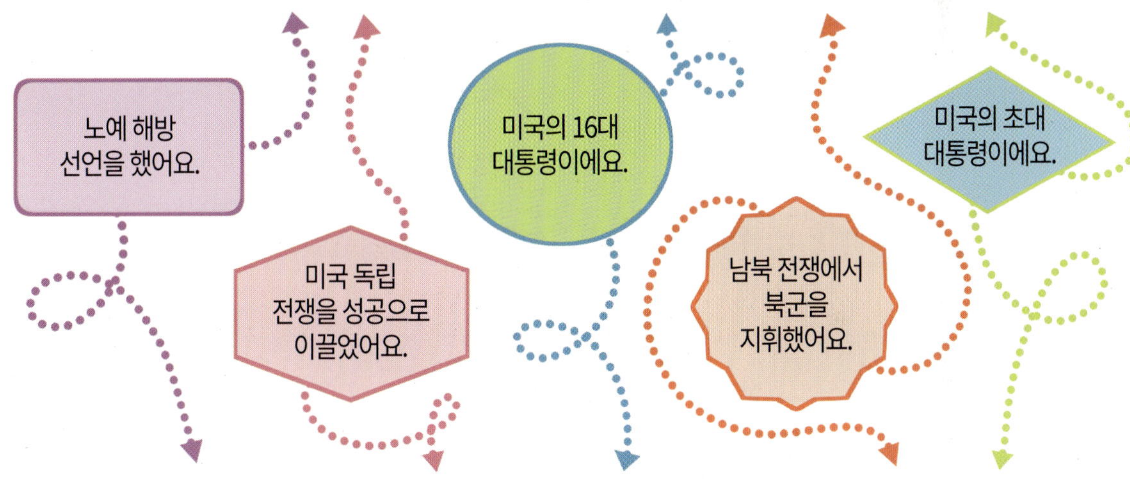

1 토리가 설명하는 지역을 지도에서 찾아보세요.

① ㄱ　　　　② ㄴ　　　　③ ㄷ　　　　④ ㄹ

2 다음 인물은 누구일까요?

1620년, 자유를 찾아 메이플라워호를 타고
아메리카 대륙에 왔어요. 플리머스 최초의 총독이
되어 아메리카 원주민과 평화 협정을 맺고
사이좋게 지냈어요.

① 스콴토　　　② 존 카버　　　③ 콜럼버스　　　④ 포카혼타스

3 다음 편지글에서 ㉠에 들어갈 말은 무엇일까요?

친구에게

안녕. 나는 지금 부모님과 미국 뉴욕을 여행하는 중이야. 오늘은 친구의 초대를 받아 ⟨ ㉠ ⟩을 즐겼어. 미국에서 ⟨ ㉠ ⟩은/는 11월 네 번째 목요일이라고 해. ⟨ ㉠ ⟩은/는 미국인들이 자신의 조상으로 생각하는 필그림 파더스가 원주민에게 옥수수 재배법을 배우고 이를 수확한 후 감사하는 마음을 담아 잔치를 열었던 것에서 유래했대.

① 핼러윈　　② 크리스마스　　③ 독립 기념일　　④ 추수 감사절

4 다음 내용을 담고 있는 문서는 무엇일까요?

① 권리 장전

② 독립 선언서

③ 노예 해방 선언

④ 인간과 시민의 권리 선언

5 다음은 미국의 독립 전쟁 과정에서 있던 사건이에요.
사건이 일어난 순서대로 써 보세요.

가
대륙 회의가
개최되었어요.

나
보스턴 차 사건이
일어났어요.

다
아메리카 합중국이
세워졌어요.

◯ → ◯ → ◯

6 다음 설명을 읽고 지폐에 들어갈 인물을 찾아보세요.

- 살았던 시기: 1732년~1799년
- 미국 독립 전쟁 때 미국 대륙군의 총사령관에 임명되어 여러 전투에서 활약했어요.
- 독립 후 미국의 첫 번째 대통령이 되었어요.

① 스티브 잡스　② 앤드루 잭슨　③ 조지 워싱턴　④ 리바이 스트라우스

7 냥이가 말한 '이 전쟁'에 대한 설명으로 옳은 것을 고르세요.

① 전쟁은 북부의 승리로 끝이 났어요.

② 미국은 이 전쟁 후 영국으로부터 독립했어요.

③ 보스턴 차 사건이 직접적인 원인이 되었어요.

④ 북부가 연방을 탈퇴하면서 전쟁이 시작되었어요.

8 대륙 횡단 철도가 건설되면서 미국에 나타난 변화로
옳은 것은 무엇일까요?

① 제1차 대륙 회의가 개최되었어요.

② 미국 남부와 북부의 산업 차가 커졌어요.

③ 미국 사람들이 홍차를 즐겨 마시게 되었어요.

④ 미국 동부와 서부의 물자 교류가 활발해졌어요.

 다음 그림 중 에디슨이 발명하지 <u>않은</u> 것은?

① 백열전구

② 증기 자동차

③ 영사기

④ 축음기

도전 세계사 놀이 퀴즈·말판 놀이

도전 세계사 놀이 퀴즈·블록 쌓기

① 아메리카 원주민으로 영국인과 결혼한 후 1616년 영국을 방문했어요. 개명한 이름은 레베카예요.

② 미국이 러시아로부터 720만 달러를 주고 사들인 땅이에요.

③ 영국에 항의하는 식민지 주민들이 보스턴 항구에 있던 동인도 회사의 배에 올라가 차 상자를 바다에 버린 사건이에요.

④ 서부 개척 시기 미국에서 만들어 입은 옷으로 현재는 전 세계인이 즐겨 입는 옷이 되었어요.

도전 세계사 놀이 퀴즈·선 긋기

196

1 답 ③

2 답 ②

아메리카 대륙에서 플리머스 최초의 총독이 된 사진 속 인물은 존 카버이다.

3 답 ④

미국에서는 해마다 11월 네 번째 목요일에 추수 감사절을 지낸다.
이날은 1년 동안 수확한 것에 대한 감사를 드리며, 칠면조 요리를 비롯한
여러 음식을 나누어 먹는다.

4 답 ②

미국은 독립하는 과정에서 독립 선언서를 발표했다.
이 문서는 훗날 프랑스 혁명 때 '인간과 시민의 권리 선언(인권 선언)'을 만드는 데
영향을 주었다.

5 답 나 → 가 → 다

6 ③

미국의 독립 전쟁을 이끌고, 초대 대통령이 된 인물은 조지 워싱턴이다.
1달러 지폐에는 워싱턴의 초상이 있다.

7 답 ①

링컨 대통령이 노예 해방 선언을 한 '이 전쟁'은 '남북 전쟁'이다.
미국의 북부와 남부 사이에 벌어진 전쟁으로 북부의 승리로 끝이 났다.

8 답 ④

대륙 횡단 철도는 미국 동부와 서부를 연결해 주었다.
사람의 왕래뿐만 아니라 물자 교류도 활발해져 경제 발달에 크게 도움이 되었다.

9 답 ②

토머스 에디슨은 미국의 발명가다.
에디슨은 백열전구, 영사기, 축음기 등 많은 것들을 발명했다.

미국

기원후

1607년 영국, 버지니아주에 제임스타운 건설

1620년 메이플라워호, 플리머스에 도착

메이플라워호

1732년 영국, 미국에 13개 식민지 확정

1773년 보스턴 차 사건

1775년 독립 전쟁 시작

1776년 미국 13개 주 독립 선언

1783년 파리 조약, 미국 독립 승인

1789년 워싱턴, 초대 대통령 취임

1848년 골드러시 시작

1861년 링컨, 대통령 취임
남북 전쟁 발발

보스턴 차 사건

1863년 게티즈버그 전투

1867년 알래스카 매수

1914년 제1차 세계 대전

1929년 뉴욕 주가 폭락, 대공황 시작

1933년 루스벨트, 뉴딜 정책

1941년 일본, 하와이 진주만 공격

1945년 미국, 일본에 원폭 투하

1947년 트루먼 독트린, 마셜 플랜 발표

2001년 9.11 테러 사건

게티즈버그 전투

세계사	한국사
기원전	**기원전**
750년경 그리스, 폴리스 성립	57년 신라 건국
330년 로마, 콘스탄티노폴리스로 수도 이전	37년 고구려 건국
	18년 백제 건국
기원후	**기원후**
395년 로마 제국, 동서로 분열	660년 백제 멸망
476년 서로마 제국 멸망	668년 고구려 멸망
589년 수, 중국 통일	676년 신라, 삼국 통일
610년 무함마드, 이슬람교 창시	698년 발해 건국
618년 당 건국	918년 왕건, 고려 건국
622년 헤지라(이슬람 기원 원년)	936년 고려, 후삼국 통일
960년 송 건국	1392년 고려 멸망, 조선 건국
962년 신성 로마 제국 성립	1446년 훈민정음 반포
1271년 원 제국 성립	1863년 고종 즉위, 흥선 대원군 집권
1337년~1453년 영국과 프랑스, 백년 전쟁	1894년 동학 농민 운동
1368년 명 건국	1895년 을미사변
1789년 프랑스 혁명	1896년 아관 파천
1840년 청, 아편전쟁	1897년 대한 제국 수립
1894년 청일 전쟁	1910년 한일 합병 조약
1904년 러일 전쟁	1919년 대한민국 임시정부 수립
1914년 사라예보 사건, 제1차 세계 대전 발발	1945년 8.15 광복
1917년 러시아 혁명	